사회는 쉽다!

★초등학교 교과서와 함께 봐요!

사회 5-2 1. 옛사람들의 삶과 문화
사회 5-2 2. 사회의 새로운 변화와 오늘날의 우리

차례

1 우리나라 이름은 대한민국, 코리아

나라도 사람처럼 태어나고 죽는대! · 8   우리나라는 이름이 여러 개야 · 10
우리나라는 몇 살일까? · 12   옛 나라의 흔적을 찾아봐! · 14

더 알아보기 우리나라에는 어떤 나라들이 있었을까? · 16
알쏭달쏭 낱말 사전 · 18   도전! 퀴즈 왕 · 20

2 나라를 빼앗긴 시절 1910~1945년

마라톤 선수 손기정을 아니? · 22   나라를 빼앗겨서 벌어진 일 · 24
만세, 대한 독립 만세! · 26

알쏭달쏭 낱말 사전 · 28   도전! 퀴즈 왕 · 30

3 양반의 나라, 조선 그리고 대한 제국 1392~1910년

옛날 서울 구경을 해 볼까? · 32   우리는 날마다 조선 사람들을 만나! · 36
네가 만일 조선에 태어났다면 · 38

더 알아보기 조선의 신분 제도 · 40

조선이 왜 양반의 나라냐고? · 43

더 알아보기 양반 노릇 참 어렵네! · 46

한자 공부는 힘들어 · 48   세상에서 제일 쉽고 편한 글자 · 50
조상을 섬기고 예의를 지켰어 · 54

더 알아보기 우리 생활 속에 남아 있는 유교 풍습 · 56

알쏭달쏭 낱말 사전 · 58   도전! 퀴즈 왕 · 60

4 코리아의 이름을 알린 고려 918~1392년

고려에서 코리아로! · 62 고려의 대표 상품, 고려청자 · 64
더 알아보기 고려청자 만드는 법 · 66
고려 사람들은 불교를 믿었어 · 68 고려의 절은 지금과 달랐어 · 70
고려 사람들은 정말 대단해! · 74
더 알아보기 팔만대장경 만드는 법 · 76
네가 만일 고려에 태어났다면 · 78 고려는 여자가 살기 좋았어 · 80
더 알아보기 손변의 재판 · 82
알쏭달쏭 낱말 사전 · 84 도전! 퀴즈 왕 · 86

5 다투며 큰 삼국과 통일 신라 기원전 57~935년

우리나라가 세 개나 된다고? · 88 백제가 가장 먼저 힘을 떨쳤어 · 90
고구려가 가장 넓은 땅을 차지했어 · 92 신라가 삼국을 통일했어 · 94
신라 대신 고구려가 삼국을 통일했다면? · 96
고구려 땅이었던 북쪽 땅은 어떻게 되었을까? · 98

알쏭달쏭 낱말 사전 · 100 도전! 퀴즈 왕 · 102

6 우리 겨레의 첫 나라, 고조선 기원전 2333~기원전 108년

고조선은 어떻게 생겨났을까? · 104 고조선을 뒤이어 많은 나라가 일어났어 · 108
고조선의 원래 이름은 조선이야 · 110 우리 땅 북쪽에도 단군의 자손이 살아 · 112
모두 우리나라야! · 114

알쏭달쏭 낱말 사전 · 116 도전! 퀴즈 왕 · 118

① 우리나라 이름은 대한민국, 코리아

나라도 사람처럼 태어나고 죽는대!

나라 이야기를 하기 전에 가족을 먼저 살펴볼까?

너를 낳아 준 아버지와 어머니 위에는 아버지 어머니를 낳아 준 할아버지와 할머니가 계시고, 또 그 위에 증조할아버지와 증조할머니가 계시지?

　나라도 비슷해. 한 나라가 생겨났다가 사라지고, 뒤이어 또 다른 나라가 생겨났다가 사라져. 한 나라만 있을 때도 있고, 여러 나라가 같이 있을 때도 있어.

　네 이름과 아버지의 이름과 할아버지의 이름이 다 다르듯이, 나라 이름도 모두 달라. 하지만 이름만 다를 뿐 모두 우리나라야. 그리고 할아버지, 할머니, 아버지, 어머니가 있어서 네가 있듯이 고구려, 백제, 신라, 고려, 조선 같은 나라들이 있었기에 지금의 대한민국이 있는 것이란다.

우리나라는 이름이 여러 개야

지금 우리나라 이름은 대한민국이야. 그런데 대한민국 말고 우리나라 이름이 더 있다는 거 아니? 그 이야기를 하기 전에 잠깐 옛날 이야기를 좀 들어 볼래?

할아버지 할머니가 너만 한 나이였을 때 우리나라는 아주 가난했어. 자동차를 가진 사람이 거의 없었고, 해외여행은 꿈도 꾸지 못했지.

그랬던 우리나라가 훌쩍 자랐어. 이제 세계 사람들은 우리나라를 더는 가난한 나라로 보지 않아. 배와 자동차를 잘 만드는 나라, 컴퓨터 산업이 발전한 나라, 태권도를 잘하는 나라, 김치와 불고기의 나라, 재미있는 드라마와 멋진 음악의 나라 **코리아**로 떠올리지.

짜잔, 드디어 나왔다! 우리나라의 또 다른 이름. 코리아는 주로 영어권 사람들이 우리나라를 부르는 이름이야. 그러니까 외국에서 부르는 '코리아', '코리', '코레아' 등과 '대한민국'이 다 우리나라 이름이지.

우리나라는 몇 살일까?

우리나라 이름 대한민국은 무슨 뜻일까? 대한민국의 '한'은 우리 민족의 이름이야. 그러니까 대한민국은 '위대한 한민족의 나라이며, 국민이 함께 다스리는 나라'라는 뜻이지.

그런데 우리나라 이름이 처음부터 대한민국이었던 건 아니야. 우리가 사는 이곳 한반도에는 지금껏 많은 나라가 생겼다가 사라졌어. 대한민국 정부는 1948년에 세워졌으니까 고작 80여 년도 채 안 되었지.

신라 1000년   고구려 700년   백제 700년

그럼 그전에는 어떤 나라들이 있었을까? 대한 제국, 조선, 고려, 발해, 신라, 백제, 고구려 그리고 첫 나라 고조선까지! 이 많은 나라들이 모두 우리나라야.

고려와 조선은 각각 500년, 고구려와 백제는 각각 700년, 신라는 1000년 가까이 이어졌어. 대단하지? 이렇게 한 나라가 몇백 년이나 계속된 건 다른 나라에서도 찾아보기 힘든 일이란다.

그 밖에 작은 나라들, 잠깐 있다 사라진 나라들도 많았어. 첫 나라 고조선부터 지금의 대한민국까지 이어온 나라들의 나이를 모두 합치면, 5천 년이 조금 안 된단다. 우리나라는 꽤 오래된 나라이지.

고려 500년   조선 500년

옛 나라의 흔적을 찾아봐!

우리 땅 곳곳에는 옛 나라의 흔적이 남아 있어. 서울에는 조선의 왕이 살던 경복궁이 있고, 경주에 가면 신라 왕족들이 묻힌 커다란 무덤을 볼 수 있어. 박물관에는 고려청자 같은 옛 물건들이 수두룩해.

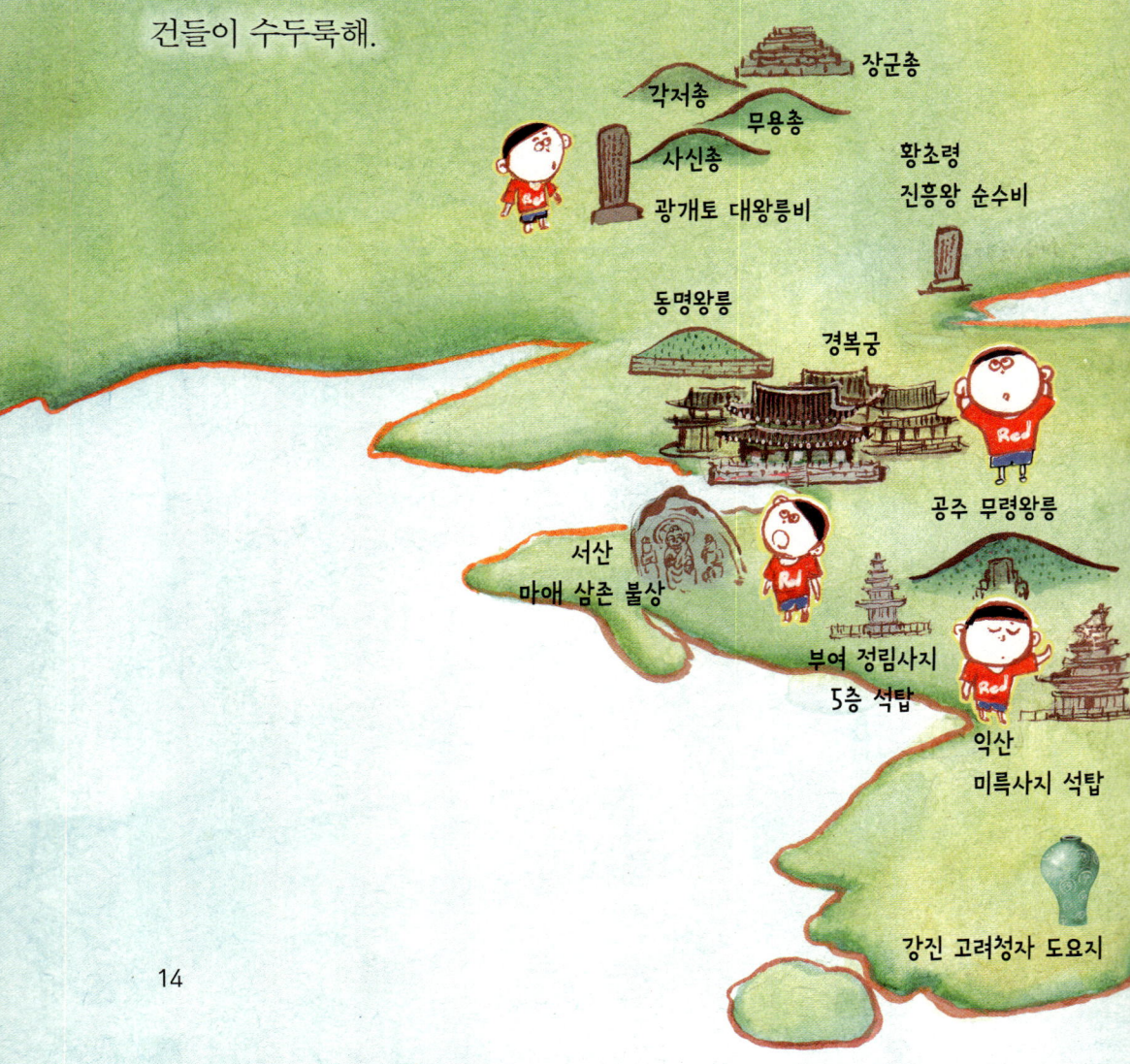

우리 생활 속에도 조상들의 생각과 마음이 남아 있어. 조상에게 제사를 지내고, 부처님께 복을 빌고, 어른을 공경하며 사는 풍습은 모두 옛 나라에 살았던 조상들에게 물려받은 거야.

지금 우리 곁에 남아 있는 유물과 유적, 풍습들이 어디서 비롯되었는지, 오래전 우리나라는 어떤 모습이었는지 궁금하지 않니? 어디, 우리와 가장 가까운 나라부터 거꾸로 거슬러 올라가며 차근차근 알아볼까?

더 알아보기

우리나라에는 어떤 나라들이 있었을까?

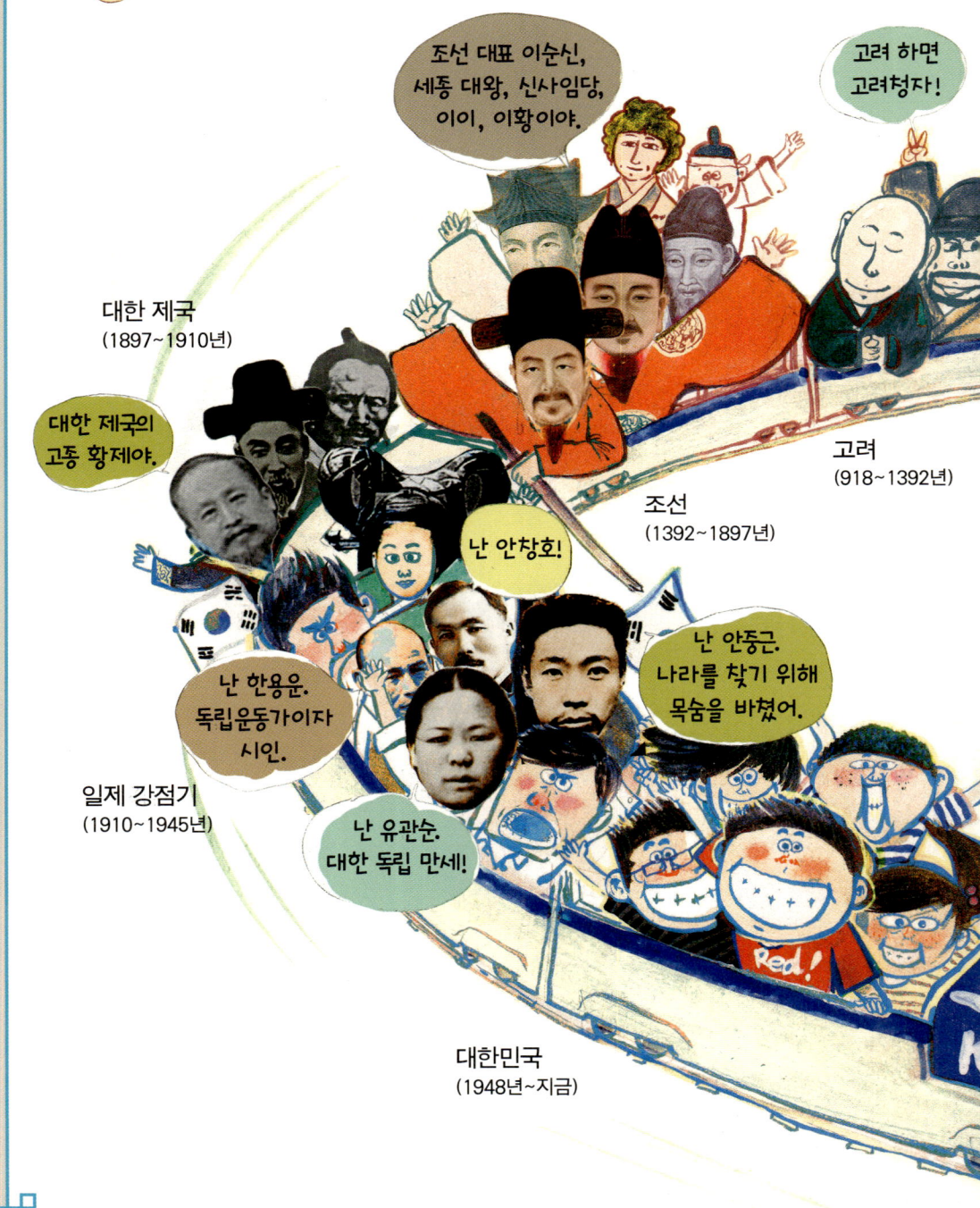

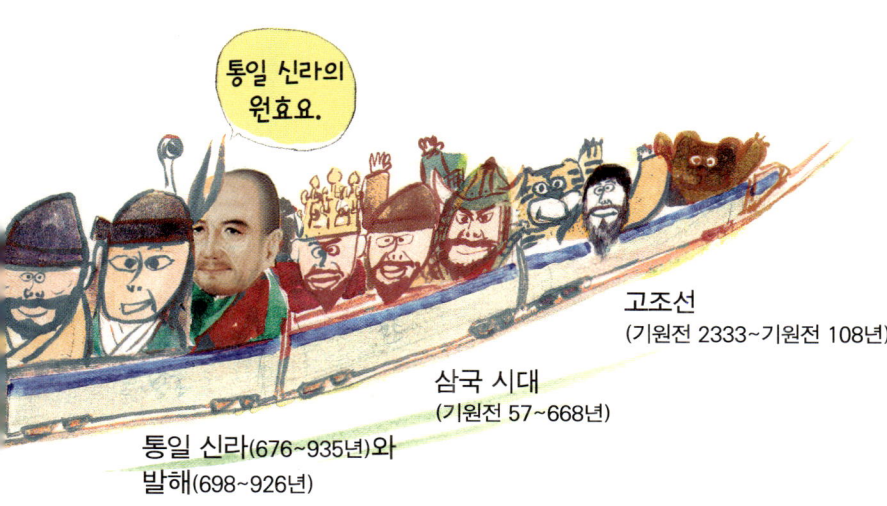

고조선
(기원전 2333~기원전 108년)

삼국 시대
(기원전 57~668년)

통일 신라(676~935년)와
발해(698~926년)

아주 먼 옛날, 우리 조상들은 한반도와 만주 곳곳에 흩어져 살았어. 돌을 깨어 이런저런 도구를 만들고 여기저기 떠돌며 짐승을 사냥하고 열매를 따 먹었지.

그러다가 농사짓는 법을 알게 된 조상들은 한곳에 머물러 마을을 이루었어. 마을이 커지면서 마을을 이끄는 우두머리도 생겼지. 각 마을의 우두머리들은 더 넓은 땅과 많은 사람들을 거느리려고 전쟁을 벌였어. 그리고 가장 힘센 우두머리가 여러 마을을 아울러 나라를 세웠어.

그 나라가 바로 우리 민족의 첫 나라인 고조선이야. 고조선을 이어 고구려, 백제, 신라 같은 새로운 나라가 일어났고 삼국의 역사는 고려와 조선으로 이어졌지. 이렇게 나라의 이름만 달라졌을 뿐, 우리나라는 수천 년이 지난 오늘날까지도 계속 이어지고 있단다.

★ 알쏭달쏭 낱말 사전

민족

오랜 세월 동안 일정한 지역에서 함께 살아 독특한 언어, 풍습, 문화, 역사를 가지게 된 공동체예요. 우리나라의 한(韓)민족, 중국의 한(漢)족, 뉴질랜드의 마오리족 같은 집단을 민족이라고 부르지요.

뉴질랜드의 마오리족이 전통 춤 공연을 펼치고 있어요.

박물관

먼 옛날 사람들이 남긴 역사적 유물, 예술품 등을 수집하고 보존하며 전시하는 공간이에요. 수집품의 내용에 따라 민속 박물관, 미술관, 과학관, 역사 박물관 등으로 나뉘어요.

서울시 용산구에 있는 국립중앙박물관이에요.

유물

고려청자, 조선백자처럼 조상들이 남긴 물건이에요. 유적에 비해 작고 위치를 바꿀 수 있는 것들로, 도자기, 무기, 장신구 등을 말해요.

조선 시대의 유물인 백자 달 항아리예요.

유적

경복궁, 불국사, 풍납토성 같은 옛 건축물이 있거나 역사적인 사건이 벌어졌던 곳이에요.

왼쪽은 조선 시대의 유적인 경복궁, 오른쪽은 신라 시대의 유적인 불국사예요.

조상

아버지 어머니 위로 대대의 어른이나 자기 세대 이전의 모든 세대를 말해요.

한반도

반도는 삼면이 바다로 둘러싸이고 한 면은 육지에 이어진 땅이에요. 한반도란 우리나라 국토 전체가 포함된 지형을 가리키는 말이에요.

후손

자신의 세대에서 여러 세대가 지난 뒤의 자녀를 통틀어 이르는 말이에요. 비슷한 말로 '자손'이 있어요.

⭐ 도전! 퀴즈 왕

아래 문장을 읽고 맞으면 ○, 틀리면 ×를 괄호 안에 쓰세요.

1. 우리나라는 기원전 2333년경에 세워진 고조선을 시작으로 고구려, 백제, 신라의 삼국 시대를 거쳐 통일 신라, 고려, 조선으로 이어져 오다가 1948년에 대한민국 정부가 세워졌어요. (   )

2. 우리 땅 곳곳에는 옛 나라의 흔적이 남아 있어요. 경주에 있는 불국사는 신라의 유적이고, 서울의 경복궁은 고려의 유적이지요. (   )

3. 대한 제국, 조선, 고려, 발해, 신라, 백제, 고구려, 고조선은 이름은 달라도 모두 우리 조상이 세운 우리나라예요. (   )

정답 1.○ 2.× 3.○

② 나라를 빼앗긴 시절

1910~1945년

마라톤 선수 손기정을 아니?

지금으로부터 110여 년 전 우리나라는 일본의 식민지 지배를 받고 있었어. 일본에 나라를 빼앗긴 1910년부터 나라를 되찾은 1945년까지 35년간을 **일제 강점기**라고 해.

나라를 빼앗긴다는 건 어떤 걸까?

손기정 선수는 1936년 독일 베를린에서 열린 올림픽 마라톤 경기에 나가, 세계 신기록을 세우며 당당히 우승했어. 하지만 금메달을 목에 건 손기정 선수는 그만 고개를 떨구고 말았어. 국기 게양대에 태극기 대신 일본 국기인 일장기가 올라가고, 일본 국가가 울려 퍼졌거든. 손기정 선수는 가슴에 달린 일본 국기를 상으로 받은 월계수 화분으로 슬쩍 가렸어.

3등을 하여 동메달을 받은 남승룡 선수는 더욱 괴로웠어. 월계수 화분은 금메달을 딴 선수에게만 줬기 때문에 손기정 선수처럼 일본 국기를 가릴 수도 없었거든.

올림픽에서 메달을 따고도 나라 잃은 설움에 눈물을 삼켜야 했던 두 선수의 마음이 느껴지니?

잘 모르겠다고? 피겨 스케이팅 선수 김연아를 생각해 봐. 김연아 선수가 동계 올림픽에서 금메달을 땄는데, 일본 국기가 올라가면 어떤 마음이 들겠니? 세계 사람들은 김연아 선수가 일본 사람인 줄 알 테지? 김연아 선수는 물론이고, 우리 모두가 몹시 서럽고 억울할 거야. 나라를 잃는다는 건 바로 그런 것이란다.

나라를 빼앗겨서 벌어진 일

강제로 우리나라를 빼앗은 일본은 우리 민족을 아예 뿌리째 없애려고 안달했어.

우리나라 사람들은 아침마다 일본 왕이 사는 궁궐 방향을 향해 절을 하고, 충성을 다짐하는 말을 외워야 했지.

우리말도 마음 놓고 쓸 수 없었어. 학교에서는 일본 말을 배워야 했는데, 우리말을 썼다가는 혼쭐이 났단다. 일본인 선생님들이 우리말을 쓰나 안 쓰나 감시까지 했다니까!

성이랑 이름도 일본식으로 바꾸어야 했어. 그게 싫어서 어떤 사람들은 일부러 우스꽝스러운 일본식 이름을 지어 일본을 조롱하기도 했지.

또 일본은 우리나라 젊은이들을 강제로 전쟁터에 내보내고 광산과 공장에서 마구 부려 먹었어. 쌀이며 석탄, 철 등 우리나라의 자원들도 닥치는 대로 싹싹 긁어 갔지.

한마디로 일제 강점기 동안 우리 조상들은 내 나라 내 땅에 살면서도 남의 나라 사람 노릇을 해야 했던 거야. 이때 일본에게 당하면서 응어리진 마음은 시간이 흘러도 쉽게 가시지 않았어. 지금도 일본과 운동 경기가 벌어지면 꼭 이기기를 바라는 까닭은 아마 그 때문일 거야.

만세, 대한 독립 만세!

우리나라 사람들은 나라를 되찾기 위해 끈질기게 노력했어.

"대한 독립 만세!"를 외치며 만세 운동을 벌이기도 하고, 총칼을 빼 들어 일본군에 맞서 싸우기도 했지.

또 안중근 의사, 윤봉길 의사 같은 몇몇 독립운동가들은 일본의 중요한 인물들을 없애 독립에 대한 우리 민족의 의지를 세계에 알리려고 했어.

만일 우리 할아버지 할머니들이 나라를 빼앗기고도 "어쩌겠어. 별수 없지.", "힘이 부족해서 안 돼." 하며 주저앉았다면 지금 대한민국은 없을지도 몰라.

1945년 8월 15일, 마침내 우리 민족은 나라를 되찾았어. 우리 할아버지 할머니들은 꼭꼭 숨겨 두었던 태극기를 꺼내 들고 거리로 뛰쳐나와 "대한 독립 만세!"를 외쳤어.

어떤 할아버지는 "조선아, 어디 갔다가 이제 왔느냐?" 하면서 눈물을 줄줄 흘리기도 했대. 얼마나 그립고 반가우면 그랬겠어!

그동안 독립을 위해 애썼던 사람들은 새로운 나라를 세우기로 했어. 그리고 1948년 대한민국 정부가 새롭게 탄생했어. 바로 지금 우리가 사는 나라 말이야.

참, 태극기의 그림이 무엇을 뜻하는지 아니? 가운데의 태극은 붉은빛이 '양', 푸른빛이 '음'을 뜻해. 태극의 왼쪽 위에는 하늘을 뜻하는 '건', 오른쪽 아래에는 땅을 뜻하는 '곤', 오른쪽 위에는 달과 물을 뜻하는 '감', 왼쪽 아래에는 해와 불을 뜻하는 '이(리)'가 놓이지. 그러니까 태극기는 우주 만물이 만들어지는 이치를 표현한 거야!

⭐ 알쏭달쏭 낱말 사전

독립운동

일제 강점기에 우리 민족은 나라를 되찾기 위해 다양한 독립 운동을 벌였어요. 1919년 3월 1일에 일어난 삼일 운동은 우리 민족의 독립 의지를 세계에 널리 알리는 계기가 되었지요. 홍범도 장군과 김좌진 장군 등은 독립군 부대를 이끌고 일본군을 크게 물리쳤어요. 또 학교를 세워 나라를 바로 이끌 인재를 기르고, 우리말과 역사를 지킴으로써 민족정신을 잇고자 노력한 사람들도 많았어요.

삼일 운동 당시의 모습을 그린 그림이에요.

식민지

주권을 잃고 정치적, 경제적으로 다른 나라의 지배를 받는 나라예요. 주권이란 국가가 무엇을 할 것인지를 스스로 결정하는 힘이에요. 우리나라는 1910년부터 1945년까지 주권을 잃고 일본의 식민지 지배를 받는 일제 강점기를 겪었어요.

경복궁의 정문인 광화문은 일제 강점기에 본래 위치가 아닌 곳으로 옮겨졌다가 2010년에 제자리를 찾았어요.

일본은 일제 강점기 동안 우리나라의 곡식이며 토지를 빼앗기 위해 동양 척식 주식회사를 세웠어요.

손기정 선수는 1936년 제11회 베를린 올림픽 마라톤 경기에서 금메달을 땄어요. 하지만 당시 우리나라가 일본에 나라를 빼앗겼기 때문에 일본 대표로 나가야 했지요.

월계수

지중해 지역에서 많이 자라는 나무예요. 예전에는 올림픽에서 우승한 사람의 머리에 월계수 잎으로 만든 월계관을 씌워 주었어요.

창씨개명

1939년 일본이 우리나라 고유의 성과 이름을 버리고 일본식 성과 이름으로 바꾸게 한 일이에요. '일본식 성명 강요'라고도 해요.

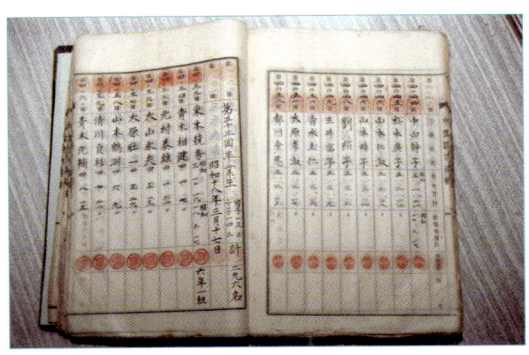
서울 교동 초등학교에서 발견된 일제 강점기의 학적부에 창씨개명한 이름들이 가득해요. 당시에는 성과 이름을 바꾸지 않으면 학교도 다닐 수 없었어요.

⭐ 도전! 퀴즈 왕

일제 강점기에 우리나라 사람들이 어떻게 살았는지 자음을 보고 맞혀 보세요.

1. 일본은 우리나라 사람들을 일본인으로 만들기 위해 ㅇㄹㅁ을 쓰지 못하게 하고, 성과 이름을 일본식으로 바꾸게 했어요.

ㅇ ㄹ ㅁ

2. 일본은 우리나라 사람들을 강제로 끌고 가서 ㅈㅈㅌ에 내보냈어요. 또 쌀과 석탄, 철 등을 마구 빼앗아 갔어요.

ㅈ ㅈ ㅌ

3. 우리나라 사람들은 나라를 되찾기 위해 일본에 끝까지 맞섰어요. 총칼을 들고 일본군과 싸우기도 하고, ㅌㄱㄱ를 들고 만세 운동을 벌이기도 했지요.

ㅌ ㄱ ㄱ

정답 1. 우리말 2. 전쟁터 3. 태극기

③
양반의 나라, 조선 그리고 대한 제국

1392~1910년

옛날 서울 구경을 해 볼까?

지금 우리나라의 수도는 서울이야. 서울은 옛날에 조선의 수도였어. 조선 사람들은 서울을 한양이라고 불렀지.

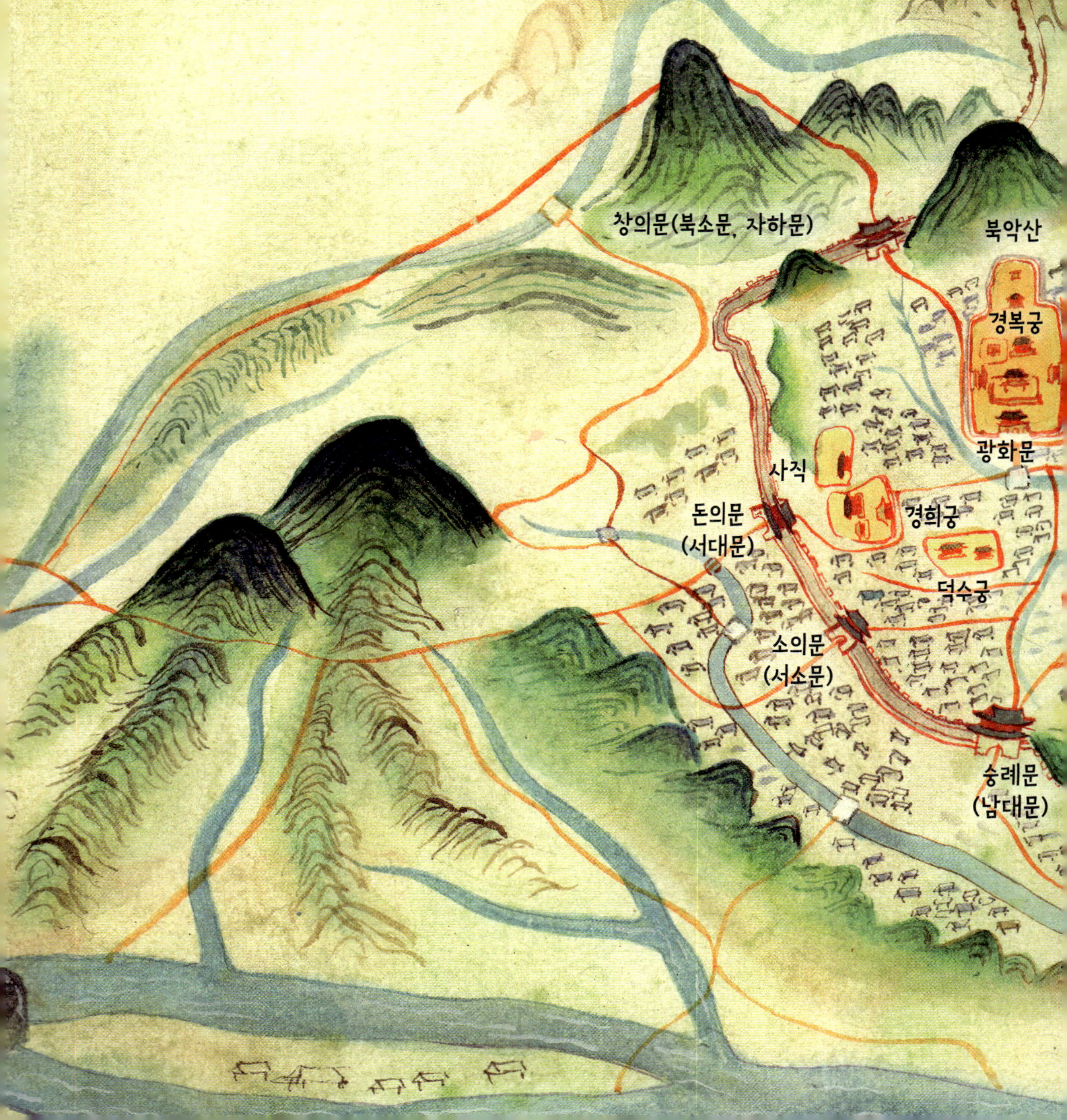

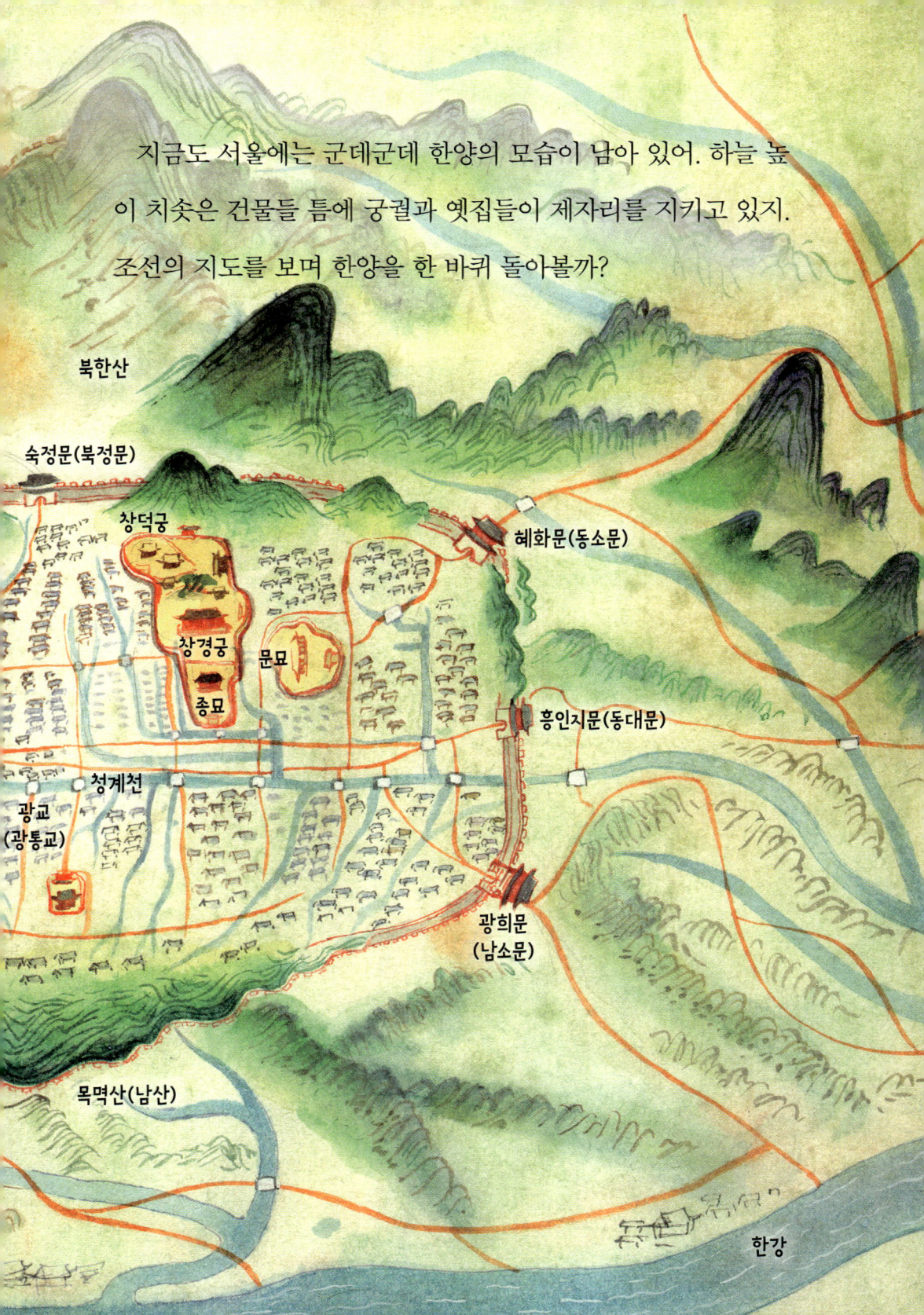

한양에는 다섯 궁궐이 있었어. 경복궁은 그중에서 으뜸 궁궐이야. 지금도 우람한 북악산을 병풍처럼 두른 채 제자리에 떡 버티고 있어. 경복궁의 정문인 광화문을 나오면, 관청이 늘어선 육조 거리가 이어져.

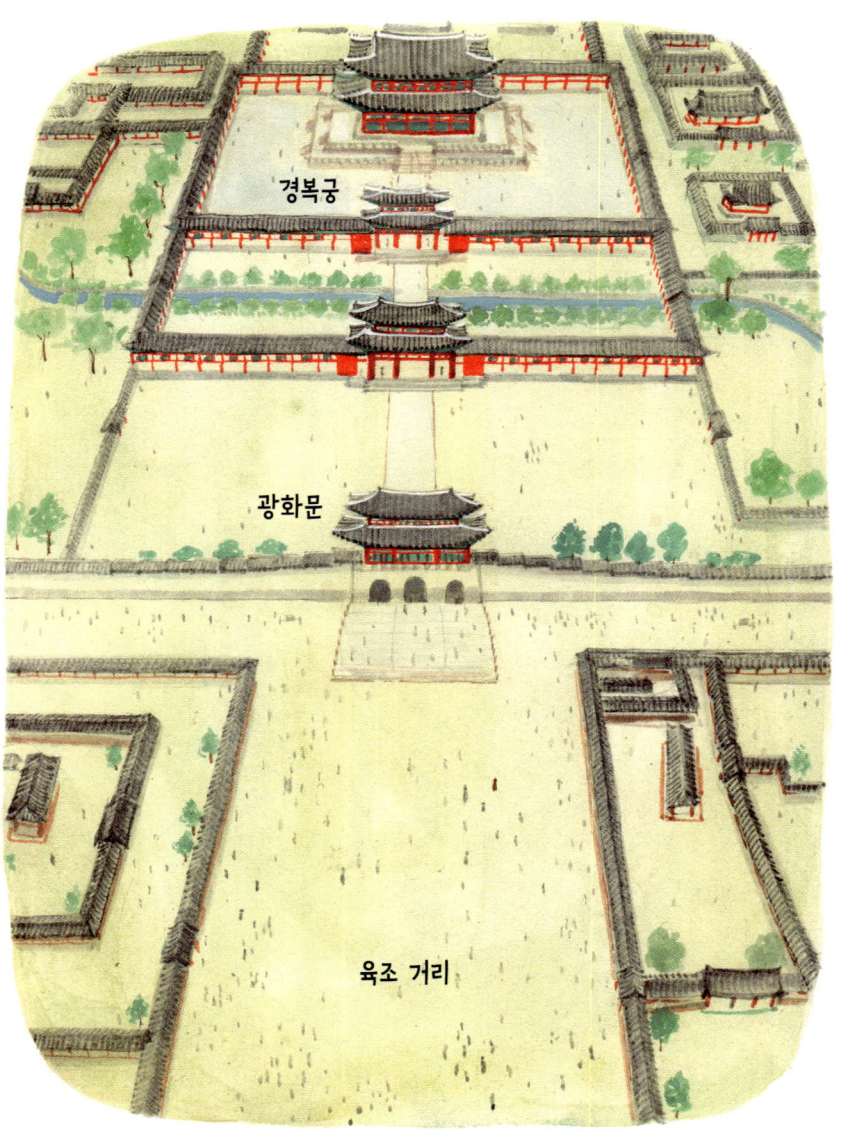

이제 사람들이 붐비는 광통교로 가 보자. 한양의 가운데를 가로지르는 청계천이 다리 밑을 지나가네. 지금의 종로가 있는 청계천 위쪽 큰길에는 온갖 물건을 파는 상점이 늘어서 있었어. 조선 팔도의 물건이 한강을 따라 죄다 이곳으로 모였지.

사대문 밖으로도 나가 볼까? 성을 드나들려면 꼭 동서남북 네 군데의 문을 거쳐야 했어. 가장 많은 사람들이 드나들던 문은 숭례문(남대문)이야. 2008년 불이 나 큰 피해를 입었지만, 2013년 복구 공사가 끝나 원래의 모습을 되찾았어. 우리의 소중한 문화재, 미리미리 아끼고 잘 보살펴야겠지?

우리는 날마다 조선 사람들을 만나!

우리나라 종이돈에 그려져 있는 사람들은 다 조선 사람이야. 누구나 쓰는 돈에 얼굴이 실릴 정도니 대단한 사람들이지.

신사임당은 좋은 어머니이자 훌륭한 예술가로 이름을 남겼어. 세종 대왕은 한글을 만들고 해시계랑 물시계, 측우기 같은 과학 기구를 개발하게 하여 백성의 생활을 보살핀 왕이야. 또 이이와 이황은 조선의 학문을 빛낸 뛰어난 학자야. 이이는 신사임당의 아들이기도 해. 이들 말고도 조선 사람들 중에는 이름이 널리 알려진 사람이 수두룩해.

임진왜란 때 거북선을 이끌고 일본군을 물리친 이순신 장군, 『동의보감』이라는 의학 책을 지은 허준, 못 그리는 그림이 없었다는 천재 화가 김홍도……. 더 하다가는 이 책이 끝나지 않을지도 모르니까 이쯤 할까?

지금도 안동 하회 마을이나 지리산 청학동에 가면 조선 사람처럼 상투를 틀고, 갓을 쓰고, 도포를 입은 사람들을 볼 수 있어. 그만큼 조선은 우리와 가까운 나라야.

　조선은 나중에 나라 이름을 대한 제국으로 바꾸었어. 중국처럼 왕을 황제라 높여 부르고, 나라 이름도 황제가 다스리는 나라란 뜻에서 대한 제국이라 고쳐 부른 거야. 중국, 일본 등 다른 나라의 간섭에서 벗어나 당당한 나라로 거듭나기 위해서였어.

네가 만일 조선에 태어났다면

으리으리한 기와집에서 비단옷을 입고 맛난 음식을 먹으며 살았을지 몰라. 아니면 그런 부잣집의 마당쇠가 되어 땔감 하랴, 주인어른 나귀 끌랴, 낑낑대고 있었겠지.

아래 그림을 보렴. 어떤 사람들은 일하느라고 바빠 죽겠는데, 어떤 사람은 빈둥빈둥 한가롭기 짝이 없지?

조선에서는 왕족을 뺀 나머지 사람들을 양반, 중인, 상민, 천민으로 나누었어. 이걸 어려운 말로 '신분'이라고 해.

신분은 태어날 적부터 정해졌어. 부모가 양반이면 자식도 양반, 부모가 천민이면 자식도 천민이야. 귀한 사람, 천한 사람이 따로 있다는 거지.

지금은 누가 무엇을 먹든, 무슨 옷을 입든 제 마음이잖아? 그런데 옛날에는 신분에 따라 먹는 것, 입는 것, 사는 집이 다 달랐어.

신분이 다른 사람과는 결혼도 못하고, 친구로 사귀지도 못했어. 그래서 양반집 꼬마 도령이 꼬부랑 할아버지 마당쇠에게 '이래라 저래라.' 해도 버릇없다고 혼내지 못했지.

> 더 알아보기

조선의 신분 제도

　조선 시대에는 신분에 따라 사는 모습이 다 달랐어. 조선 시대의 양반, 중인, 상민, 천민은 어떻게 살았을까?

양반
글공부를 하여 과거 시험을 치르고 나랏일을 하는 관리가 됐어. 양반은 세금도 안 내고 군대도 안 갔어.

중인
통역사, 의사, 화가처럼 전문 기술을 가진 사람들이야. 중인은 벼슬이 낮은 관리로 일했어. 요즘 세상에 태어났으면 좋은 대접을 받았을 텐데.

상민

물건을 만들고, 장사를 하고, 농사를 짓는 사람들이야. 그중 농사를 짓는 농민이 가장 많았어. 상민은 나라에 세금을 내고 군인이 되어 나라를 지킨 소중한 사람들이야. 그런데도 '상놈', '쌍놈'이라고 낮추어 불렸지.

천민

소나 돼지를 잡는 백정, 굿을 하는 무당, 오늘날의 연예인 같은 광대 그리고 노비가 있었어. 노비의 노는 남자 종이고 비는 여자 종을 뜻하는데, 주인 맘대로 사고팔았어. 노비 값은 남자보다 여자가 비쌌어. 여자 노비가 낳은 아이는 또 노비가 되었기 때문이야.

사람을 마구 차별하다니 신분 제도가 너무하다고? 하지만 신분에 따른 차별이 조선에만 있었던 것은 아냐. 먼 옛날, 나라가 처음 생겨날 적부터 죽 그랬어. 우리나라뿐 아니라 전 세계에서 말이야.

모든 사람이 똑같은 대접을 받게 된 것은 이제 겨우 200년이 조금 넘었을 뿐이야. 우리나라에서도 조선이 거의 끝나갈 무렵인 1894년에야 신분 제도가 없어졌어.

물론 신분 제도가 없어졌다고 해서 하루아침에 사람대접이 싹 달라지진 않았어. 하지만 최소한 모두가 사람답게 살 수 있는 세상은 열렸지.

후, 요즘 세상에 태어나 정말 다행이지?

조선이 왜 양반의 나라냐고?

그야 양반들이 살기 좋은 나라였으니까. 조선에서 양반들은 많은 특권을 누리고 살았어. 집 안팎의 거친 일은 노비를 시키고, 농사일은 농민에게 맡기고, 글을 읽거나 활쏘기를 하거나 시를 지으며 지냈지.

나라를 다스리는 관리도 모두 양반이었어. 양반들은 왕이 바른 정치를 하도록 돕는가 하면, 제 맘대로만 하는 왕은 쫓아내기도 했어. 나라의 많은 일을 양반들이 이끌고 갔다고 볼 수 있지.

그런데 양반은 어디서 나온 말일까?

궁궐에서 조회가 열리면 신하들이 왕 앞에 양쪽으로 죽 늘어섰어. 왕이 봤을 때 왼쪽에 선 사람들은 나라를 다스리는 일을 맡은 문반이야. 황희 정승 같은 이들이지. 오른쪽에 선 사람들은 이순신 장군처럼 나라를 지키는 무반이야.

양반은 이 문반과 무반을 함께 가리키는 말이었다가, 점차 그 집안이나 신분이 높은 사람들을 뜻하는 말이 되었어.

우리는 무반

양반이라도 4대에 걸쳐 벼슬을 못 하면, 더 이상 양반이 아니었어. 그래서 양반들은 벼슬을 하려고 자나 깨나 과거 시험 공부에 매달려 살았지.

더 알아보기

양반 노릇 참 어렵네!

양반은 체면을 중요하게 여겼어. 하고 싶은 것이 있어도 욕심을 누르고, 항상 몸가짐을 바르게 하고, 집안과 나라를 위해 일하며 명예를 드높였지. 양반이라면 꼭 지켜야만 하는 일에는 어떤 게 있을까?

하나.
해 뜨기 전부터 일어나서 책을 봐야 했어.

둘.
아무리 더워도 버선을 벗으면 안 돼!

셋.
맨상투 바람으로는 밥상에 앉지 않아!

한자 공부는 힘들어

네가 만일 조선 시대에 태어났다면, 서당에 다녔을 거야. "하늘 천, 땅 지" 하고 한 글자 한 글자 짚어 가면서 천 자도 넘는 한자를 달달 외웠겠지.

서당은 요즘으로 치면 초등학교야. 어디, 서당 구경 한번 해 볼까?

저런! 한 아이가 훈장님께 꾸지람을 듣고 훌쩍거리네. 노느라고 글공부를 게을리했나 봐.

조선의 남자아이들은 예닐곱 살이면 서당에 가서 글을 배우기 시작했어. 대개는 열다섯 살 무렵까지 서당에 다녔지.

서당 공부는 요즘 공부랑 많이 달랐어. 아이들은 먼저 『천자문』이라는 책부터 읽었어. 말 그대로 한자 천 자로 된 책이야.

『천자문』을 떼고 나면 『동몽선습』, 『소학』 등을 공부했어. 사람이 지켜야 할 바른 도리에 대해 가르치는 책들이지.

그런데 이런 공부는 양반과 중인 그리고 상민들 중 형편이 나은 집 아이들만 했어. 그것도 남자아이들만!

여자아이들은 따로 올바른 몸가짐과 행동거지에 대해 배웠어. 여자가 할 일은 남편과 아이들 뒷바라지를 하며 집안을 화목하고 평안하게 가꾸는 것이라고 여겼거든. 지금은 여자도 남자랑 똑같이 공부하고 일하는데, 정말 다른 세상이지?

세상에서 제일 쉽고 편한 글자

 조선 시대의 백성들은 대부분 글자를 모르는 까막눈이었어. 농사일하랴, 나라 지키랴, 먹고살기 바쁜데 공부할 짬이 있어야지.
 게다가 한자가 좀 어렵니? 입으로는 우리말을 하고 글은 중국 글자인 한자를 써야 해서 더 익히기가 어려웠을 거야.
 조선의 제4대 왕인 세종 대왕은 백성들이 글을 몰라 억울한 일을 겪는 게 안쓰럽고 답답했어. 농사짓는 법을 알려 주거나 좋은 제도를 마련해도 백성들이 글을 모르니 알릴 방법이 없었던 거야. 그래서 만든 글자가 바로 '훈민정음'이야. 백성을 가르치는 바른 소리라는 뜻이지.

훈민정음은 스물여덟 글자만 있으면 '멍멍' 개 짖는 소리부터 '휘이잉' 바람 소리까지 못 적을 소리가 없었어. 게다가 배우기는 또 얼마나 쉬운지! 똑똑한 사람은 반나절이면 다 깨우칠 수 있었단다.

우리 글자가 생겼으니 어려운 한자 공부는 안 해도 됐을까? 아니, 그렇지 않았어. 훈민정음은 양반들에게 업신여김을 받다가, 500여 년이 지나서야 나라의 글로 대접받았어. 한글이라는 예쁜 이름도 한참 후에 얻었는걸.

요즘 한글의 위대함을 새삼 더 느끼게 돼. 글자가 없는 인도네시아의 찌아찌아족은 한글로 자신들의 말을 적기로 했다지.

게다가 세종 대왕은 컴퓨터 시대가 다가올 것을 미리 아신 것 같아! 컴퓨터에서 사용하기 불편한 말이 많거든. 예를 들어 중국 말은 발음을 먼저 영어 알파벳으로 입력해. 그러면 여러 낱말이 떠. 그중에서 뜻이 맞는 글자를 찾아 넣어야 하거든. 그런데 한글은 글자판에서 바로바로 자음과 모음을 적어 넣을 수 있어. 한글은 참 어느 것 하나 모자람이 없는 뛰어난 글자라니까!

그럼 훈민정음으로 지은 최초의 책은 뭘까? 1445년에 지어진 『용비어천가』라는 노래책이야. 세종 대왕은 훈민정음을 만들고 나서 우리 글자로 된 책을 쓰게 했어. 그게 바로 조선이 세워지기까지 애쓴 여섯 명의 조상에 대한 노래인 『용비어천가』야.

조상을 섬기고 예의를 지켰어

 조선 사람들은 유교의 가르침에 따라 살았어. 유교에서는 조상 섬기는 일을 아주 중요하게 생각했지. 조상이 있기에 지금의 내가 있다고 본 거야.

 그래서 유교는 부모에게 효도하라고 가르쳐. 그래야 가정이 바로 서고 질서가 바로잡혀 나라가 평화롭다는 거지.

 삼강오륜은 조선 사람들이 지키고 따르고자 한 유교의 가르침이야. 세 가지 근본인 **삼강**은 '신하는 임금을 섬기고, 아들은 아버지를 섬기며, 아내는 남편을 섬겨야 한다.'는 뜻이야.

 사람이 지켜야 할 다섯 가지 도리인 **오륜**은 '부모와 자식은 서로를 아껴 주고, 임금과 신하 사이에는 의리가 있어야 하며, 남편과 아내 사이에는 구별이 있어야 하고, 윗사람과 아랫사람 사이에는 위아래가 분명하고, 벗끼리는 믿음이 있어야 한다'.는 내용을 담고 있어.

일상생활에서도 예법을 정해 놓고 지켰어. 예법에 따라 살아야 바른 마음이 생긴다고 믿었거든. 어른이 되고, 결혼을 하고, 장례를 치르고, 조상에게 제사를 지내는 모든 일에 정해진 예법이 있었어.

이런 유교 풍습은 지금도 쉽게 찾아볼 수 있어. 추석과 설날 같은 명절에 온 가족이 모여 정성스럽게 음식을 장만해 차례를 지내는 것도 유교의 풍습이야. 차례는 조상에게 고마움을 전하고, 복을 달라고 비는 일이야. 할아버지 할머니가 돌아가신 날 지내는 제사에도 비슷한 뜻이 담겨 있어.

물론 지금은 이런 풍습을 지키지 않는 사람들도 있어. 하지만 유교를 종교로 믿든 안 믿든, 유교식 제사를 지내는 집안은 아주 많아. 아무리 생활이 바뀌고 문명이 발달해도 옛 전통은 쉽게 사라지지 않거든. 우리가 알게 모르게 조선 사람들이 남겨 준 풍습을 따라 사는 것처럼 말이야.

> 더 알아보기

우리 생활 속에 남아 있는 유교 풍습

　태어나서 어른이 되고 결혼하여 숨을 거두기까지 사람이 겪게 되는 큰일들을 '통과 의례'라고 해. 유교를 바탕으로 나라를 다스렸던 조선 시대에는 통과 의례를 무척 중요하게 여겼어. 특히 신분이 높을수록 유교의 생활 관습을 철저히 지켰단다.

돌잔치

아이가 태어나서 처음으로 맞는 생일을 축하하는 잔치야. 음식과 함께 실, 돈, 곡식, 붓, 책, 국수, 활 따위를 돌상에 차려서 아이의 앞날을 점치는 돌잡이를 했어.

관례

남자가 15~20세가 되면 어른이 된다는 의미로 머리에 상투를 틀고 갓을 쓰게 하던 의례야. 여자는 혼례를 앞두고 쪽을 지어 비녀를 꽂아 주었어. 차림새를 바꾸는 것으로 어른으로서 지켜야 할 책임과 의무를 일깨운 거야.

혼례

남녀가 결혼할 때의 예절이야. 남자가 여자 집에 가서 혼례를 치르고 신부를 맞이해 왔어.

수연례

부모님이 오래오래 사시기를 빌며 여는 잔치야. 61세 생신인 회갑(환갑)을 비롯해서 62세의 진갑, 70세의 칠순(고희), 77세의 희수, 80세의 팔순, 88세의 미수, 90세의 구순, 99세의 백수에 잔치를 열었어.

상례

죽은 사람을 보낼 때의 예절이야. 일반 백성은 5~6일 동안, 양반은 1~3개월 걸려 장례를 치렀어. 부모님이 돌아가시면 3년 동안 묘를 지켰는데, 그동안은 벼슬도 잠시 관두었어.

제례

제사를 지낼 때의 예절이야. 명절이나 조상이 돌아간 날 제사를 지냈는데, 죽은 조상에게 음식을 바치며 복을 빌었어. 양반들은 집안에 사당을 짓고 부모부터 고조부모까지의 신주를 모셨어. 사당이 없는 집은 벽을 파서 신주를 모실 공간을 만들거나, 사당을 그린 그림을 걸어 두고 제사를 지내기도 했어.

⭐ 알쏭달쏭 낱말 사전

경복궁
조선의 궁궐 중 가장 먼저 세워진 궁궐이에요. 조선이 오랫동안 큰 복을 누리라는 뜻의 이름이지요.

경복궁의 중심 건물인 근정전이에요.

과거 시험
조선 시대에 관리를 뽑기 위해 실시한 시험이에요. 행정 관리를 뽑는 문과, 군인을 뽑는 무과, 통역사나 의사 같은 기술관을 뽑는 잡과 등이 있었어요.

사대문
조선 시대에 한양의 도성을 드나들던 4개의 큰 성문이에요. 동쪽에 흥인지문, 서쪽에 돈의문, 남쪽에 숭례문, 북쪽에 숙정문이 있었으며 매일 밤 10시경에 닫았다가 다음 날 아침 4시경에 열었어요.

사대문과 함께 한양을 드나드는 문이었던 사소문 중 유일하게 남아 있는 창의문이에요.

상투
머리카락을 빗어 올려 정수리 위에 틀어 감아 맨 것을 말해요. 옛날에 결혼한 남자들이 하던 머리 모양이에요.

유교

중국 춘추 시대에 공자가 만든 학문인 유학을 종교적으로 이르는 말이에요. 조선 시대에는 유교를 나라의 기본 정신으로 삼아 질서와 예절이 바로 선 나라를 만들기 위해 노력했어요. 백성들은 나라에 충성하고 부모와 웃어른을 공경하며 집안의 여러 행사를 유교의 예에 따라 치렀어요.

조선 팔도

조선 시대에는 전국을 강원도, 경기도, 경상도, 전라도, 충청도, 평안도, 함경도, 황해도의 8개 도로 나누어 다스렸어요. 그러니까 조선 팔도라고 하면 한반도 전체를 이르는 말이지요.

한글

1910년대 초 주시경 선생을 비롯한 한글 학자들이 훈민정음을 '한글'이라고 부르기 시작했어요. 한글은 '큰 글'을 의미해요.

세종 대왕이 우리글을 만든 이유와 글자의 원리를 설명한 책인 『훈민정음』이에요.

한양

조선을 세운 이성계는 수도를 한양으로 정했어요. 나라의 중심에 있는 데다 한강이 있어 물을 구하기가 쉽고 교통이 편리했기 때문이었지요. 또 한양은 산으로 둘러싸여 있어 외적의 침입을 막기에도 좋았어요.

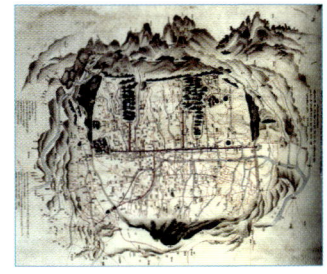

한양을 그린 지도인 「도성도」예요. 궁궐과 관청, 도로와 하천의 위치가 잘 기록되어 있어요.

★ 도전! 퀴즈 왕

다음 중 조선에 대한 설명으로 바르지 않은 것을 골라 보세요.

❶ 숭례문은 한양을 드나드는 사대문 중 가장 큰 대문이에요.
❷ 세종 대왕은 한글을 만들고 해시계, 물시계, 측우기를 개발하게 했어요.
❸ 신사임당은 조선 시대를 대표하는 예술가 중 한 명으로, 유명한 학자인 이황의 어머니예요.
❹ 부모가 천민이어도 열심히 노력해서 과거 시험에 합격하면 양반이 될 수 있었어요.
❺ 삼강오륜은 조선 사람들이 따르고자 한 유교의 가르침이에요.
❻ 지금의 종로가 있는 청계천 위쪽 큰길에는 온갖 물건을 파는 상점이 늘어서 있었어요.
❼ 조선 시대의 으뜸 궁궐은 창덕궁이에요.

정답: ❸, ❹, ❼

④
코리아의 이름을 알린 고려

918~1392년

고려에서 코리아로!

조선 전에는 고려라는 나라가 있었어. 고려는 다른 나라와 많은 물건을 사고팔았어. 고려의 항구인 벽란도에는 외국 배가 줄지어 드나들었고, 늘 외국 상인들로 북적댔지. 저 멀리 아라비아에서까지 상인이 찾아왔다니까.

외국 상인들은 고려 물건을 좋아했어. 그중에서도 종이, 먹, 인삼, 청자가 특히 불티나게 팔렸어. 인삼 하면 지금도 '고려 인삼'이라는 말을 먼저 떠올릴 정도야.

외국 상인들은 고려를 '코레', '코레아'라고 불렀어. 그리고 그 이름이 널리 유럽에까지 퍼져 영어로 코리아가 되었지. 어때? 고려, 코리아 비슷하니?

고려의 대표 상품, 고려청자

 박물관에 가면 비취색 고려청자를 꼭 찾아봐. 고려청자는 고려 시대를 대표하는 유물이야. 하늘빛을 닮아 맑고 은은한 푸른 빛이 참으로 신비롭지.

고려 사람들에게 청자 만드는 기술을 전해 준 중국 사람들조차 고려청자의 아름다움을 입에 침이 마르도록 칭찬했대.

빛깔뿐 아니라 청자에 새겨 넣은 무늬도 기가 막혀! 고려 사람들은 도자기 표면에 그림을 새긴 다음 흰 빛깔, 붉은 빛깔 흙을 채워 구웠어. 그러면 바탕과 다른 빛깔을 띤 무늬가 어우러져 몹시 아름다웠지.

이런 청자를 **상감 청자**라고 하는데, 고려 사람들이 처음 만들어 썼다고 해.

고려 사람들은 기술만큼이나 문화 수준도 아주 높았어. 고려의 귀족들은 청자를 곁에 두고 날마다 썼어. 청자 기와를 올린 집에서, 청자 그릇에 담긴 음식을 먹고, 청자 찻잔에 차를 마시며 지냈지.

> 더 알아보기

고려청자 만드는 법

고려청자는 은은한 푸른빛과 섬세한 무늬가 특징이야. 흙과 불을 다루어 세계 제일의 도자기를 만든 고려 사람들의 솜씨가 참 뛰어나지. 고려청자는 어떻게 만들까?

1. 도자기 모양을 만든다
질 좋은 흙과 물을 잘 반죽해서 물레를 돌려 가며 도자기의 모양을 만들어.

2. 겉면에 무늬를 새긴다
그릇을 잘 말린 뒤 그림을 그리고 조각칼로 다양한 무늬를 새겨.

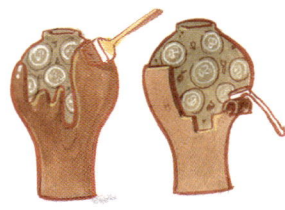

3. 무늬에 다른 종류의 점토를 넣는다
흰 흙이나 붉은 흙으로 만든 점토를 새긴 무늬에 채워 넣어.

4. 초벌구이를 한다
그릇을 그늘에서 말렸다가, 700~800도의 가마에 넣고 구워.

5. 유약을 입힌다
유약을 발라 그릇이 빛나게 하고, 표면을 맨질맨질하게 만들어. 유약을 발라 구운 도자기는 때가 잘 타지 않을 뿐 아니라, 그냥 구워 만든 그릇보다 더 튼튼해. 유약에 들어 있는 철 성분에 따라 청자의 빛깔도 달라져.

6. 재벌구이를 한다
유약을 바른 그릇을 1300도의 가마에 넣고 다시 구워. 이때 표면의 유약이 녹아내려 흙에 스며들면 고려청자 특유의 하늘빛을 닮은 푸른빛이 나지.

고려 사람들은 불교를 믿었어

조선 사람들이 유교의 가르침에 따라 살았다면, 고려 사람들은 불교의 가르침에 따라 살았어.

불교는 부처님의 가르침을 따르는 종교야. 부처님은 착하게 살고, 좋은 일을 많이 하고, 부처님을 잘 섬기면 다음 세상에 태어나 행복하게 살 수 있다고 가르쳤어.

부처님이 보내 주신 인연인가?

고려 사람들은 힘들고 지칠 때마다 부처님을 모신 절을 찾았어. 고려 땅에는 하늘의 별만큼 절이 많았다니, 고려 사람들이 얼마나 열심히 부처님을 섬겼는지 상상이 가지? 서울 종로에 있는 탑골 공원도 고려 때 흥복사라는 절이 있던 자리란다.

나라에서는 때마다 팔관회나 연등회 같은 행사를 열어 복을 빌었어. 연등회 때는 연꽃 모양 등불을 주렁주렁 내걸어 온 마을을 대낮처럼 밝혔어. 부처님의 가르침으로 어두운 세상을 구석구석 밝히려고 한 거야. 연등회는 요즘도 열려. 부처님 오신 날이 되면 절과 거리에 연등이 잔뜩 내걸린 거 본 적 있지?

고려 사람들은 팔관회나 연등회를 축제처럼 즐겼단다. 저마다 소원을 빌고, 밤새도록 어울려 놀며 한마음이 되었지.

고려의 절은 지금과 달랐어

절은 부처님께 기도를 드리고 부처님을 섬기는 장소야. 매우 신성한 곳이지. 하지만 고려의 절을 보면 깜짝 놀랄걸.

곡식과 채소를 키워 시장에서 파는 스님

백성들에게 농기구와 소를 빌려 주는 스님

고려의 스님들은 절에서 마련한 곡식과 채소, 종이, 차, 소금, 불교 장식품 따위를 시장에 내다 팔았어. 심지어는 술도! 곡식을 오래 두면 썩으니까 술을 빚어 판 거야.

그뿐인 줄 아니? 백성들에게 은행처럼 이자를 받고 곡식과 옷감을 빌려주기도 했어. 또 외진 곳에 여관을 두어 먼 길을 다니는 사람들이 쉬어 갈 수 있도록 하기도 했어.

절에서 이런 일을 했다고 고려의 스님들을 이상하게 보지는 마. 이렇게 번 돈으로 절도 짓고, 가난한 백성들도 도왔으니까.

고려 사람들은 부처님의 가르침을 전해 주는 스님들을 높이 우러러보았어. 그래서 스님이 되려는 사람들이 줄을 이었지.

한 집안에 아들이 여럿 있으면 한 사람은 스님이 되었어. 왕실과 귀족 집안도 다르지 않았어.

고려의 제11대 왕인 문종의 넷째 아들 의천도 스님이 되어 이름을 크게 떨쳤단다. 불교의 나라답지!

하지만 고려 말기에는 재물과 권력을 얻은 스님들이 나라를 어지럽힌다고 불교를 싫어하는 사람들도 있었어. 이들은 새 나라 조선을 세우고, 유교의 가르침에 따라 나라를 다스리려 했어.

조선이 세워진 뒤 도성 안의 절은 점점 줄어들었어. 절과 스님들은 하나둘 산속으로 들어갔지. 하지만 부처님을 믿고 의지하려는 생각은 사람들 마음속에 오래도록 남았단다.

고려 사람들은 정말 대단해!

경상남도 합천에 있는 해인사에 가 보았니? 이 절에는 우리나라의 국보이자 유네스코 세계 유산인 팔만대장경이 있어.

대장경은 부처님의 가르침을 모아 정리한 책이야. 해인사의 대장경은 8만여 개나 되는 나무판에 글자를 새겨 만들어서 **팔만대장경**이라고 불러.

왜 팔만대장경을 만들었느냐고? 중국 너머에 있는 몽골이라는 나라를 아니? 고려가 몽골과 30년 동안 전쟁을 치를 때야. 고려 사람들은 대장경을 만들어 적을 물리치기로 했어.

'대장경을 만든다고 적이 물러갈까?', '부처님이 마법이라도 부리시나?' 하고 생각하는 친구도 있을 거야. 혹시 간절히 소원을 빌어 본 적 있니? 소원을 비는 사이에 나도 모르게 마음이 단단해져서 힘이 불끈 솟잖아! 고려 사람들은 부처님의 말씀을 새기면서 마음을 하나로 모아 나라를 구하려고 했던 거야.

팔만대장경은 16년에 걸쳐 만들어졌어. 그 많은 나무판의 앞뒤에 글자를 하나하나 새긴다고 생각해 봐. 어지간한 정성이 아니면 이룰 수 없는 일이야.

더 놀라운 건 팔만대장경이 만들어진 지 800년 가까이 되는데도 나무판이 뒤틀리거나 벌레가 먹지 않았다는 거야. 2~3년 동안 바닷물에 담궜던 나무를 소금물에 쪄 내기를 거듭하여 나무판이 썩지 않도록 만들고, 보관도 잘한 덕분이지.

팔만대장경을 보관한 건물 또한 과학적으로 잘 지어져서, 세계 유산으로 보호하고 있어. 자연 바람이 건물 안을 드나들며 축축한 기운을 내보내도록 지었거든. 고려 사람들의 지혜가 정말 놀랍지 않니?

팔만대장경을 만든 고려 사람들은 과연 몽골을 물리쳤을까? 당시 사나운 몽골군에 망한 나라는 한둘이 아니었어. 비록 몽골에 항복하여 나랏일에 간섭은 받았지만, 끝끝내 나라를 지킨 건 고려 사람들뿐이었지.

> 더 알아보기

 팔만대장경 만드는 법

팔만대장경에 새겨진 글자는 5200만 자가 넘어. 그런데도 글자 모양이 쭉 고르고, 틀린 글자도 거의 없다니, 정말 놀랍지?

1. 판목을 마련한다
해충의 피해를 막고 글자가 잘 새겨지도록 나무를 소금물에 쪄서 말려.

2. 불경을 정리한다
틀린 글자가 없도록 이미 만들어진 대장경과 비교하여 정확하게 정리해.

3. 대장경 원고를 만든다
불경을 베낄 사람들의 글씨체가 모두 비슷해지도록 충분히 연습한 뒤 종이에 단정하게 써.

4. 나무판에 글자를 새긴다
완성된 원고를 나무판 위에 뒤집어 붙이고 글씨가 없는 부분을 파내. 나무판의 양쪽 면에 모두 글자를 새겨.

5. 종이에 찍어 틀린 곳을 확인한다
글자가 틀린 경우, 나무판에서 글자를 도려내고 다른 나무 조각에 바른 글자를 새겨 아교로 붙여.

6. 완성된 대장경을 잘 보관한다
바람이 잘 통하고 습도 조절이 잘되는 건물에 보관해. 대장경을 보관하는 해인사 장경판전 바닥은 흙에 숯과 횟가루, 소금, 모래를 다져 만들어서 축축한 장마철에는 습기를 머금고 메마른 겨울에는 습기를 내놓아.

네가 만일 고려에 태어났다면

외할아버지 외할머니 집에서 살았을걸. 왜냐고? 그게 바로 고려의 풍습이니까.

고려에서는 결혼을 한 부부가 여자의 부모님이랑 함께 살았어. 아이들은 당연히 외할아버지 외할머니 집에서 태어나고 자랐지.

외할아버지 외할머니는 그냥 할아버지 할머니라고 불렀어. 친할아버지 친할머니도 그냥 할아버지 할머니야. 고려에서는 아빠 쪽 친척과 엄마 쪽 친척을 모두 중요하게 여겼거든.

그럼 이모와 고모는 뭐라 불렀을까? '아자미'라고 불렀어. 삼촌은 그때도 그냥 삼촌이었어.

아자미

이모나 고모가 결혼하면 시집간다고 말하지? 이 말은 여자가 남편 집에 들어가 남편의 부모를 모시고 산다는 뜻이야.

그럼 삼촌이 결혼할 때는? 장가간다고 말해. 아내의 부모인 장인 장모의 집에 들어가 산다는 뜻이지. 고려에서는 남자가 장가가는 게 당연했어.

고려의 풍습이 낯설게 느껴지니? 사실 남자가 장가가는 풍습은 오래전부터 있었어. 요즘은 남자가 여자 집에 들어가 살면 살림이 쪼들려 여자한테 얹혀산다고 흉보기도 하는데, 이런 생각이 굳어진 것은 조선에 와서야.

조선에서는 여자가 시집을 가는 게 마땅했어. 한번 시집을 가면 '출가외인'이라 하여 영영 남의 집 사람으로 생각했지.

이모   고모

고려는 여자가 살기 좋았어

조선 중기에 살았던 신사임당은 결혼을 하고도 20년 동안 자기 부모님 집에서 살았어. 거기서 아이를 낳아 기르고, 그림을 그리고, 시를 썼지. 신사임당이 시집살이를 했다면 제아무리 뛰어난 재주를 지녔다 한들, 예술가로 이름을 남기기 힘들었을 거야.

그런데 조선이 생기고 200년쯤 지나자 풍습이 확 바뀌었어. 조선 사람들은 유교의 가르침에 따라 살았다고 했지? 유교에서는 여자를 남자보다 낮추어 봤어. 고려 때와 달리 조상을 섬기고, 집안을 이끌어 가는 일은 아들이 도맡게 되었어. 제사도 아들만 지냈지.

아들이 없으면 집안을 이어 갈 수도 없었어. 그래서 조선에서는 아들 없는 것을 가장 큰 불효로 여겼어. 시집온 여자가 아들을 못 낳으면 쫓겨나기도 했지.

조선에 비하면 고려는 여자가 살기 좋았어. 그렇다고 요즘 여자들 처지랑 똑같이 생각하면 곤란해. 가족 안에서 차별받지 않은 거지, 남자들처럼 밖에서 제 뜻을 펼친 것은 아니니까.

이제는 함부로 남자 여자를 차별했다가는 큰코다쳐. 그런 일을 막으려고 나라에서 '남녀 고용 평등과 일·가정 양립 지원에 관한 법률'을 만들었거든.

하지만 여자를 낮추어 보고, 딸보다 아들을 더 좋아하는 마음이 아직 남아 있는 사람도 있어. 오랜 세월 동안 굳어진 생각을 바꾸는 데는 시간이 많이 걸린단다.

> 더 알아보기

손변의 재판

고려의 어느 마을에 오누이가 살았어. 아버지는 돌아가시면서 오누이에게 이런 말을 남겼어.

재산을 모두 딸에게 주고, 아들에게는 옷과 갓 한 벌, 신발 한 켤레, 종이 한 묶음을 주겠다.

누이는 재산을 몽땅 갖고 남동생에게 한 푼도 주지 않았어.

세월이 흘러 어엿한 젊은이가 된 남동생은 누이에게 재산을 나눠 달라고 했으나 소용없었어.

남동생은 재판관 손변을 찾아갔어. 사정을 들은 손변은 누이에게 말했지.

> 아버지가 돌아가실 때 너는 벌써 결혼을 했고, 네 동생은 이를 갈 무렵의 어린아이였다. 만일 재산을 똑같이 나누어 주면, 네가 동생을 돌보지 않을까 봐 아버지는 걱정한 것이야. 동생에게 옷가지와 종이를 남긴 까닭이 무엇이겠느냐? 커서 그 옷을 입고, 갓을 쓰고, 신발을 신고, 종이에 사정을 적어 바로잡으라는 뜻이렷다.

손변은 오누이에게 재산을 반씩 나눠 가지도록 했어.

참 슬기로운 판결이지? 이 이야기를 보면 고려에서는 아들딸에게 재산을 똑같이 나눠 주었다는 것을 알 수 있어. 제사도 아들딸이 돌아가며 지냈어. 결혼을 한 딸이라도 마찬가지였어.

★ 알쏭달쏭 낱말 사전

고려의 문화

고려 시대에는 뛰어난 기술을 바탕으로 수준 높은 문화재가 많이 만들어졌어요. 고려청자를 만들어 널리 사용했고, 세계 최초의 금속 활자를 만들어 책을 인쇄했지요. 또 문익점은 목화를 길러 백성들이 겨울을 따뜻하게 날 수 있도록 했으며, 최무선은 화포를 만들어 왜구를 물리쳤어요.

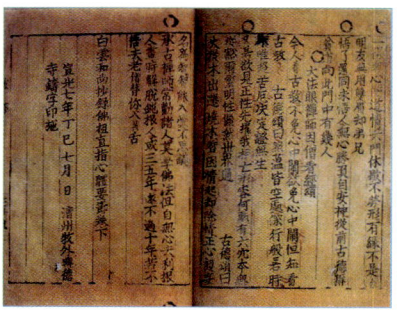

금속 활자로 만든 가장 오래된 책인 『직지심체요절』이에요.

몽골

칭기즈 칸이 여러 몽골 부족을 통일해 세운 원나라는 중국을 비롯해 아시아 대부분과 유럽의 일부를 정복하며 힘을 떨쳤어요. 고려도 원나라의 침입을 받았지만 끈질기게 맞서 나라를 지켰어요.

고려가 몽골의 2차 침입에 대비해서 지은 강화산성의 남문 안파루예요.

벽란도

황해도 예성강 하류에 있는 고려 시대의 국제 무역항이에요. 고려의 수도인 개경에서 가까워 외국 상인들이 많이 오갔어요.

프랑스어로 기록된 지도에 우리나라의 이름이 '코레'로 쓰여 있어요.

불교

기원전 6세기경 인도의 석가모니가 세운 종교예요. 누구나 욕심을 버리고 수행하면 깨달음을 얻을 수 있다고 가르쳐요.

불교는 삼국 시대에 중국을 통해 우리나라에 들어왔어요. 신라에서 왕권 강화를 위한 호국 불교가 발전했고, 고려 시대에는 국가의 종교가 되었어요. 하지만 조선 시대부터는 유교에 밀려 점차 세력이 약해졌어요.

아라비아

서남아시아의 페르시아만, 인도양, 홍해에 둘러싸여 있는 지역이에요. 동양과 서양의 중간에 있어 동서양의 교류에 큰 역할을 했어요. 고려에 찾아온 아라비아 상인들에 의해 우리나라의 영어 이름인 코리아가 세계에 알려졌어요.

팔관회와 연등회

고려에서는 팔관회, 연등회 같은 행사를 통해 나라의 발전을 빌었어요. 팔관회는 부처와 하늘과 산과 강의 여러 신에게 복을 비는 축제였어요. 외국의 상인이나 사신들도 참석해 왕에게 선물을 바치고 교역을 했어요.

경주 불국사에서 부처님 오신 날을 맞아 연등을 밝혔어요.

⭐ 도전! 퀴즈 왕

왼쪽에 쓰인 설명을 잘 읽고 알맞은 단어에 줄을 이어 보세요.

1. 고려는 다른 나라와 물건을 사고파는 교역이 활발했어요. 저 멀리 _____ 상인들과도 무역을 했어요.   ●   ● ① 고려청자

2. 상감 기술로 만든 푸른빛의 _____는 세계 제일의 도자기예요.   ●   ● ② 절

3. _____는 고려가 세계에 알려지면서 얻게 된 우리나라의 영어 이름이에요.   ●   ● ③ 아라비아

4. 고려 시대에 _____은 농민들에게 소와 곡식을 빌려주기도 하고 종이나 소금 등을 만들어 팔기도 했어요.   ●   ● ④ 코리아

정답 1.-③ 2.-① 3.-④ 4.-②

⑤ 다투며 큰 삼국과 통일 신라

기원전 57~935년

우리나라가 세 개나 된다고?

고려가 세워지기 한참 전에 우리 땅에서는 고구려, 백제, 신라 세 나라가 힘을 겨루고 있었어. 이때를 **삼국 시대**라고 해.

고구려, 백제, 신라는 이웃의 고만고만한 나라들을 하나둘 아우르며 커 갔어.

세 나라는 땅과 백성을 늘리려고 툭하면 전쟁을 벌였어. 무려 300년 가까이 싸웠다니! 한 나라가 강해지면 힘이 약한 두 나라가 뭉쳐 맞서는 바람에 전쟁은 쉽게 끝나지 않았어.

서울이 있는 한강 주변은 세 나라가 서로 차지하려고 애를 쓴 땅이야. 생각해 봐. 한강은 우리 땅 한복판에 있고, 그 주변에는 곡식이 출렁이는 너른 들판이 펼쳐져 있잖아. 게다가 한강이 바다로 이어져서 다른 나라와 교류하기도 좋았어. 우리 땅의 주인이 되려면 먼저 한강의 주인이 되어야 했던 거야.

과연 고구려, 백제, 신라 중 어느 나라가 그 꿈을 이루었을까?

백제가 가장 먼저 힘을 떨쳤어

백제는 고구려를 세운 주몽의 아들 온조가 한강 부근에 세운 나라야. 서울에 있는 몽촌 토성과 풍납 토성이 바로 백제의 궁궐과 성이 있던 자리지.

한강을 따라 서쪽 바다로 나아가는 바닷길을 차지한 백제는 중국과 교류하며 재빨리 힘을 길렀어. 중국의 앞선 문물을 들여와 기술과 문화를 다듬었고, 그것을 일본에 전해 주었지.

백제의 학문과 기술을 전해 주마. 그 대신 우리가 전쟁할 때 군사를 빌려줘.

백제

왕인 박사는 일본에 학문을 전해 주고 일본의 왕이 될 태자를 가르친 백제 사람이야. 일본 사람들은 지금도 왕인 박사를 크게 존경한대.

일본에는 백제의 흔적이 많이 남아 있어. 오사카에는 백제역이 있고, 백제라는 이름이 붙은 상점도 있지. 일본이 자랑하는 절과 불상 중에도 백제의 영향을 받은 게 많아. 또 일본 말에 '시시하다'를 뜻하는 '구다라나이'라는 말이 있는데, 이 말은 본래 '백제가 아니다'라는 뜻이야. 즉 백제 것이 아니면 시시하다는 거지. 그만큼 백제의 뛰어난 기술과 멋스러운 문화를 우러러본 거야.

그렇다고 너무 으쓱해할 것까지는 없어. 우리도 중국의 문물을 받아들여 우리만의 문화를 가꾸었으니까. 예나 지금이나 모든 나라는 서로 문화를 주고받으며 지내는 법이란다.

일본

고구려가 가장 넓은 땅을 차지했어

고구려는 주몽이 압록강가 북쪽에 세운 나라야. 고구려 땅은 산이 높고 험해 농사만으로는 충분한 식량을 얻기 힘들었어. 그래서 고구려 사람들은 일찍부터 영토를 넓히는 데 힘을 쏟았지.

고구려 사람들은 씩씩한 기상을 지녔어. 말도 잘 타고 활도 잘 쏘았지. 고구려의 무덤 벽에 그려진 그림을 보면, 사냥하는 젊은이들의 모습이 얼마나 늠름한지 몰라.

고구려가 한반도 북쪽과 만주 벌판을 누비며 이름을 떨친 힘센 나라가 될 수 있었던 것은 단단한 쇠로 만든 무기 덕분이야. 온몸을 쇠 갑옷으로 가린 고구려군이 쇠 갑옷을 두른 말을 타고 달려들면 적군은 꼼짝달싹 못 했어. 제19대 왕인 광개토 대왕은 쇠 무기를 갖춘 군사들을 앞세워 고구려 땅을 크게 넓혔지.

그 뒤로도 고구려는 중국이 감히 우리 땅을 넘보지 못하게 했어. 제26대 왕인 영양왕 때는 수나라의 양제가 113만 명의 군사를 이끌고 고구려로 쳐들어왔어. 하지만 을지문덕 장군이 살수 대첩에서 큰 승리를 거둬 중국의 코를 납작하게 눌러 주었지.

고구려는 어떤 나라에도 무릎 꿇지 않으려 했고, 이 세상의 중심은 고구려라고 생각한 당당한 나라였어.

신라가 삼국을 통일했어

신라는 한반도 동남쪽에 자리한 경주에 둥지를 틀었어. 그리고 나라가 망할 때까지 천 년 동안 한 번도 그 땅을 떠나지 않았어. 덕분에 지금도 경주는 온통 신라의 흔적투성이야. 도시 전체가 박물관이라고 해도 지나친 말이 아니지.

신라는 바다 쪽 말고는 산맥에 턱턱 가로막혀 있어서 빨리 자라지 못했어. 고구려와 백제가 성큼성큼 뛰어갈 때 신라는 아장아장 아기 걸음을 하고 있었다고나 할까. 하지만 차근차근 나라의 기틀을 다진 신라는 고구려, 백제와 어깨를 나란히 하고 마침내 두 나라를 쓰러뜨렸어.

백제

고구려와 백제를 칠 때 신라는 혼자서는 힘이 달려 중국 당나라의 군사를 빌렸어. 그 대신 당나라에 고구려의 북쪽 땅을 잘라 주겠다고 약속했지.

그 약속이 엄청난 화를 불러왔어. 당나라가 신라마저 무너뜨리고 아예 우리 땅을 통째로 삼키려고 했거든. 화가 난 신라는 고구려, 백제 백성들과 힘을 모아 당나라 군사를 싹 몰아냈어.

그렇게 꼬맹이 신라는 삼국 통일을 이루고 비로소 우리 땅의 주인이 되었어. 비록 많은 고구려 땅을 당나라에 내주었지만, 이때 우리 민족은 처음으로 하나의 나라를 이루었지.

신라 대신 고구려가 삼국을 통일했다면?

사실 신라가 삼국을 통일한 일을 두고 이런저런 말이 많아. 일본의 지배를 받던 시절, 독립운동가이자 역사학자인 신채호는 신라를 호되게 비난했어.

> 다른 민족을 불러들여 같은 민족을 없애는 것은 도둑을 끌어들여 형제를 죽이는 것과 다를 바 없다.

우리 민족이 똘똘 뭉칠 것을 강조하며 한 말이야. 지금도 신채호처럼 생각하는 사람들이 있어. 만일 고구려가 삼국을 통일했다면 드넓은 만주 땅이 모두 우리 것이 되었을 거라며 아쉬워하는 사람도 많고.

신라가 나빠요, 나빠.

당시 사람들은 어떻게 생각했을까? 통일 전쟁을 치른 신라의 문무왕에게 물어보면, 아마 이렇게 대답할걸.

> 그건 우리가 살던 시절을 모르고 하는 소리요. 우리 세 나라는 오랫동안 죽기 살기로 싸웠소. 그 판국에 같은 조상을 둔 형제라는 생각을 할 겨를이 어디 있겠소. 살아남기 위해 하는 수 없이 당나라의 힘을 빌린 거요. 난들 좋아서 그리 했겠소?

너는 어떻게 생각하니? 삼국에 나뉘어 살던 사람들은 하나 되어 당나라와 싸울 때에야 비로소 '따로따로'가 아닌, '우리'라는 생각을 하지 않았을까? 그리고 삼국을 통일한 신라에서 한 나라의 백성으로 살아가며 이런 생각은 더욱 커졌을 거야.

고구려 땅이었던 북쪽 땅은 어떻게 되었을까?

당나라가 영영 차지했을까? 천만에! 나라를 잃은 고구려 사람들이 가만있을 리 없지. 고구려 사람들은 당나라 군사들을 내몰고 새 나라를 세웠어. 그 나라가 바로 **발해**야.

발해는 고구려 사람들, 말갈 사람들이 한데 어울려 살면서 남쪽의 신라와 경쟁할 만큼 큰 나라가 되었어.

그리고 삼국을 통일한 신라에는 평화로운 시절이 찾아왔어. 지긋지긋한 전쟁이 끝났으니 누구보다 기쁜 건 백성들이었겠지? 신라는 세 나라 백성의 힘을 모아 찬란한 문화를 꽃피웠어. 그 유명한 불국사와 석굴암도 이때 지어진 거야. 원효 같은 스님은 지치고 갈라진 백성들의 마음을 불교를 통해 어루만져 주었어.

하지만 옛 고구려와 백제 사람들의 마음속에는 여전히 "나는 고구려 백성이야.", "나는 백제 백성이야." 하는 생각이 남아 있었어. 그래서인지 신라가 힘을 잃고 흔들리자 다시 나라가 쪼개졌지. 후고구려, 후백제, 신라로 말이야. 또 세 나라네!

이 세 나라를 다시 합친 나라가 고려야. 고구려를 잇는다는 뜻에서 나라 이름을 고려라고 한 거지. 고려는 거란에 망한 발해의 백성들까지 받아들여 우리 민족을 진짜 하나로 묶었어.

⭐ 알쏭달쏭 낱말 사전

광개토 대왕(374~412년)

고구려 제19대 왕으로 만주와 한강 이북까지 고구려 땅을 넓혔어요. '광개토 대왕'이라는 이름도 영토를 크게 넓힌 왕이라는 뜻이지요. 광개토 대왕의 뒤를 이은 장수왕은 아버지의 생애와 업적을 적은 '광개토 대왕릉비'를 세웠어요.

중국 지린성 지안현에 있는 광개토 대왕릉비예요.

문무왕(626~681년)

신라 제30대 왕으로 김유신과 함께 백제, 고구려를 멸망시키고 중국 당나라 세력을 몰아내어 삼국 통일을 이룩했어요. 죽은 후에도 바다의 용이 되어 신라를 지킬 것이라는 유언에 따라 동해에 있는 큰 바위에 장사를 지냈어요. 이 바위를 대왕암이라고 해요.

문무왕의 무덤인 대왕암은 경상북도 경주시 양북면 봉길리 앞바다에 있어요.

발해

698년에 고구려의 장수였던 대조영이 고구려 사람들과 말갈족을 거느리고 지금은 중국 땅인 동모산에 세운 나라예요. 한때 옛 고구려 땅보다 더 넓은 영토를 차지하며 강력한 힘을 자랑했으나 926년 거란에 멸망했어요.

삼국 시대

한반도에 고구려, 백제, 신라, 세 나라가 함께 있던 시대예요. 신라는 기원전 57년, 고구려는 기원전 37년, 백제는 기원전 18년에 세워졌어요. 삼국 외에 낙동강 유역에 가야가 있었는데, 562년 신라에 멸망했어요.

신채호(1880~1936년)

일제 강점기의 역사학자이자 독립운동가예요. 『을지문덕』, 『이순신』 같은 영웅 이야기를 써서 우리 민족의 우수함을 일깨우고 독립 정신을 키우기 위해 애썼어요.

왕인 박사(?~?년)

백제 제13대 왕인 근초고왕 때의 학자예요. 『천자문』, 『논어』 등을 갖고 일본으로 건너가 문자와 학문을 전했어요. 삼국 시대에는 왕인 박사 외에도 우리나라의 많은 승려, 학자, 기술자 등이 일본에 건너가 문화를 전해 주었어요.

일본 오사카부 히라가타시에 있는 왕인 박사의 묘예요.

주몽(기원전 58~기원전 19년)

물을 다스리는 신인 하백의 딸 유화와 하늘 신의 아들인 해모수 사이에서 태어났어요. 활을 잘 쏘아 주몽이라 불렸어요. 기원전 37년에 압록강가에 고구려를 세웠어요.

⭐ 도전! 퀴즈 왕

아래 상자에서 백제에 관련된 단어는 △로, 고구려에 관련된 단어는 □로, 신라에 관련된 단어는 ○로 표시해 보세요.

광개토 대왕	구다라나이	문무왕
주몽	몽촌 토성	온조
경주	을지문덕	삼국 통일
만주 벌판	불국사	왕인 박사

정답 △ - 구다라나이, 몽촌 토성, 온조, 왕인 박사 / □ - 광개토 대왕, 주몽, 을지문덕, 만주 벌판 / ○ - 문무왕, 경주, 삼국 통일, 불국사

6 우리 겨레의 첫 나라, 고조선

기원전 2333~기원전 108년

고조선은 어떻게 생겨났을까?

자, 드디어 우리 땅에 맨 처음 생긴 나라까지 왔어. 바로 고조선 말이야.

고조선을 세운 사람은 누구일까? 그래그래, 단군왕검이야.

단군왕검에 관한 이야기인 단군 신화를 보면 고조선이 어떻게 세워졌는지를 짐작해 볼 수 있어.

옛날에 하늘 신의 아들인 환웅이 땅에 내려왔대. 환웅은 곰에서 사람이 된 웅녀와 혼인을 했고, 둘 사이에서 단군왕검이 태어났어. 그리고 단군왕검이 고조선을 세워 오랫동안 다스렸지.

하늘에서 신이 내려오고 곰이 사람이 되다니, 말도 안 된다고? 단군 신화를 믿기 어렵다고? 그럼 진짜 고조선이 어떻게 생겨났는지 알려 줄게.

까마득히 먼 옛날, 우리 땅에 처음 사람이 살던 때의 일이야. 이때는 아직 나라가 없었어. 사람들은 먹을 것을 찾아 이리저리 돌아다녔지. 그러다가 농사짓는 법을 알게 된 후로 마을을 이루고 오순도순 모여 살았어.

농사를 더 잘 짓게 되자 먹고 남는 식량이 생겼어. 사람들은 서로 더 많은 식량을 챙기려고 다투기 시작했어. 그때 힘센 사람이 나타나 사람들 사이의 다툼을 해결하며 우두머리 노릇을 하게 됐어. 남는 식량은 물론 우두머리 차지였지.

우두머리의 힘은 점점 커졌어. 다른 마을과 전쟁을 벌여 땅을 넓히고, 사로잡은 사람들을 노예로 부렸지. 우두머리는 여러 마을을 거느린 큰 우두머리가 되었어.

큰 우두머리는 스스로 하늘이 보낸 사람으로 행세하며 신비로운 이야기를 지어 퍼뜨렸어. 단군 신화 같은 이야기 말이야. 그래야 사람들이 자신을 높이 떠받들 테니까.

단군 신화의 단군왕검은 바로 큰 우두머리 같은 사람이야. 흔히 단군왕검을 신선같이 생긴 할아버지로 생각하는데, 실은 이런 모습이었을걸.

맨 처음 나라는 이렇게 생겨났어. 우리나라뿐 아니라 다른 나라도 마찬가지야.

처음 생긴 나라라고 고조선을 우습게 보면 안 돼. 청동기를 쓰던 고조선 사람들은 쇠로 단단하고 날카로운 도구를 만들어 쓰면서 강한 힘을 갖게 되었어. 그리고 우리 땅 북쪽과 그 너머의 너른 만주 땅까지 큰 힘을 떨쳤지.

고조선은 기원전 108년에 중국 한나라의 침입을 받아 멸망했어. 고조선 사람들은 뿔뿔이 흩어졌지.

고조선을 뒤이어 많은 나라가 일어났어

 고조선이 망한 뒤에도 우리 땅에는 여러 나라가 있었어. 북쪽에는 부여, 고구려, 옥저, 동예가 있었고 남쪽에는 삼한이 있었지.

 삼한에는 인구가 3만 명쯤 되는 나라부터 고작 3천 명밖에 안 되는 나라까지, 고만고만한 나라가 78개나 있었어.

 한편 살 곳을 찾아 남쪽으로 내려온 고조선 사람들은 삼한의 나라들에 쇳덩이를 불에 녹여 도구로 만드는 기술을 전해 주었어. 그리고 이를 바탕으로 백제, 신라, 가야 같은 새로운 나라들이 우뚝 섰지.

쇠를 다루는 기술이 퍼지자 많은 게 달라졌어. 쇠로 만든 농기구로 땅을 깊이 갈고 씨앗을 뿌리니, 이전보다 몇 배나 많은 곡식을 얻을 수 있었어. 먹을 게 넉넉해진 덕분에 사람도 점점 늘어났지.

쇠로 만든 창과 갑옷은 단단하고 날카로웠어. 사람이 늘고 강한 무기가 생겼으니, 이제 싸울 준비는 끝! 나라들 사이에 전쟁이 잦아졌어. 힘이 약한 나라는 쓰러지고, 힘센 나라 몇 개로 합쳐졌지. 고구려의 주몽이나 신라의 박혁거세, 가야의 김수로도 이렇게 힘을 키워 나라를 세운 거야.

고조선의 원래 이름은 조선이야

 단군왕검이 세운 첫 나라의 이름은 원래 조선이었어. '아침 햇살이 처음 비치는 땅'이라는 뜻이지.
 앞에서 말한 조선이랑 이름이 똑같다고?
 조선을 세운 이성계가 나라 이름을 뭐라고 할까 고민하다가, 우리 땅의 첫 나라를 이어 가겠다는 정신으로 조선의 이름을 따라 한 거야.
 그리고 따라쟁이 이성계 덕분에 처음 조선은 고조선이라고 불리게 됐어. 옛 조선이라는 뜻이지. 그러고 보니 고조선은 조선으로, 고구려는 고려로, 고려는 또 코리아로, 옛 나라들의 이름이 계속 이어지고 있네.
 나라의 이름은 이어졌지만, 나라가 바뀔 때마다 왕의 성씨도 바뀌었어. 고구려의 왕은 고씨였고, 신라는 박씨, 석씨, 김씨가 번갈아 가며 왕을 맡다가 한참 동안 김씨가 계속 왕을 했어. 또 고려는 왕씨, 조선은 이씨가 왕이었어.

우리 땅 북쪽에도 단군의 자손이 살아

　우리 땅 북쪽에는 북한이라는 나라가 있어. 북한 사람들은 우리랑 같은 핏줄을 갖고 있고, 같은 말을 쓰는 단군의 자손이야. 그런데 왜 한 나라로 뭉치지 못하고 따로 떨어져 살게 된 걸까?

　우리 민족은 일본에 빼앗긴 나라를 되찾은 뒤 남쪽과 북쪽에 따로따로 나라를 세웠어. 그리고 지금껏 갈라져 지내고 있지. 한때는 서로 총부리를 겨누고 전쟁도 벌였어. 같은 민족끼리 정말 슬픈 일이야.

　비록 지금은 대한민국, 조선 민주주의 인민 공화국이라는 서로 다른 이름으로 나뉘어 있지만 모두 우리나라라는 거, 알고 있지? 언젠가 통일이 되면 우리 민족이 다시 하나가 될 수 있을 거야.

모두 우리나라야!

우리 땅에 참 많은 나라들이 있었지?

이름은 모두 기억하지 못해도 이런 옛 나라들이 있었기에 지금의 우리가 있다는 사실만은 꼭 기억하면 좋겠어.

비행기를 타고 미국, 프랑스, 아프리카, 남극은 가도 옛 나라는 찾아갈 수 없어. 모두 사라지고 없는 나라니까. 하지만 우리 마음속에는 영원히 살아 있지. 세월이 아무리 흘러도, 세상이 아무리 많이 달라져도 말이야.

네가 지금까지 읽은 이야기는 "우리 조상들이 이만큼 훌륭했어."라고 말하기 위한 게 아니란다. 네가 사는 대한민국과 네가 어떻게 지금 이 자리에 있는지 알려 주기 위한 거지.

몇 천 년을 이어 온 우리 조상들의 이야기 속에는 몇 천 년 동안 전해 내려온 조상들의 생각과 마음이 숨 쉬고 있어.

조상들이 살아온 이야기와 정신은 나무의 뿌리와 같아. 뿌리가 깊은 나무일수록 비바람이 불어도 흔들리지 않는 거 알지? 앞으로 그 뿌리가 너를 지켜 주는 든든한 버팀목이 될 거야.

네가 어른이 되면, 세계 사람들과 당당히 어울리면서 세계를 무대로 맘껏 꿈을 펼칠 날이 올 거야. 그때 앞을 향해 달리다가 지치면, 꿋꿋하게 살아온 옛 조상들을 떠올려 봐. 힘이 불끈 솟고, 어려움을 거뜬히 이겨 낼 용기가 생길 거야.

⭐ 알쏭달쏭 낱말 사전

고조선

단군왕검이 세운 우리나라 최초의 국가로, 청동기 시대가 시작될 무렵에 세워졌어요. 단군왕검은 하늘에 제사를 지내는 제사장을 뜻하는 '단군'과 정치 지도자를 뜻하는 '왕검'이 합쳐진 말로, 널리 인간을 이롭게 한다는 '홍익인간'의 정신으로 나라를 다스렸어요.

농사짓는 모습이 새겨진 청동기예요. 부족의 우두머리가 목에 걸던 장식이라고 해요. 청동기 시대에 우리 조상들이 따비로 밭을 갈고 괭이질을 하여 농사지었다는 것을 알 수 있어요.

박혁거세(기원전 69~4년)

여섯 촌장에 의해 신라의 첫 임금으로 세워졌어요. 박처럼 둥근 알에서 태어나 세상을 밝게 한다는 뜻에서 박혁거세라고 불리었어요.

박혁거세가 태어났다는 '나정'이란 우물터예요.

삼한

삼국 시대 이전에 우리나라 중남부에 있었던 마한, 진한, 변한을 말해요. 마한은 54개의 부족 국가로 이루어졌는데 뒤에 백제로 합쳐졌어요. 12개의 부족 국가로 이루어진 진한은 신라로 합쳐졌고, 12개의 부족 국가로 이루어진 변한은 가야로 발전했어요.

진한, 변한 지역의 무덤에서 나온 오리 모양 토기예요.

웅녀

단군왕검의 어머니예요. 단군 신화에는 원래 곰이었던 웅녀가 동굴 속에서 햇빛을 보지 않고 쑥과 마늘만 먹는 시련을 견딘 후 여자가 되어 단군을 낳았다고 해요.

철기

기원전 5세기경에 청동기보다 더 단단한 철기가 쓰이기 시작했어요. 철로 만든 농기구를 사용하면서 더 많은 양의 농작물을 거둘 수 있게 되었고, 철을 사용해서 날카롭고 단단한 무기도 만들게 되었어요. 고조선 이후 부여, 고구려, 옥저, 동예, 삼한 등의 나라가 철기 문화를 바탕으로 일어났어요.

철기로 만든 농기구와 무기예요.

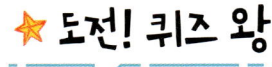 도전! 퀴즈 왕

내용을 잘 읽고 빈칸에 알맞은 단어를 써 보세요.

1. 청동기 시대가 시작된 무렵, 우리나라 최초의 국가 _____ 이 세워졌어요.

2. 고조선을 뒤이어 많은 나라들이 일어났어요. 북쪽에는 부여, 고구려, 옥저, 동예 등이 있었고 남쪽에는 _____ 이 있었어요.

3. 삼한의 조그마한 나라들이 백제, 신라, 가야처럼 큰 나라로 성장할 수 있었던 데는 고조선 사람들이 전해 준 _____ 의 힘이 컸어요.

● 자료 제공_ 국립중앙박물관, 국립해양조사원, 연합뉴스, Doopedia Photobox, Wikipedia

글쓴이 이흔

오랫동안 어린이 책 출판사에서 편집자로 일했다. 지금은 우리 역사와 문화에 관한 책을 기획하고 쓰고 있다. 지은 책으로 『내가 진짜 조선의 멋쟁이』, 『박 부자네 가훈은 대단해』, 『조선 선비 유길준의 세계 여행』, 『우리 역사 노래 그림책』, 『열까, 말까? 조선의 문』 등이 있다.

그린이 김준영

지구별에 태어나 룰루랄라 살고 있는 즐거운 그림쟁이다. 서양화를 공부하고 일러스트레이터로 활동하고 있다. 그린 책으로 『내가 좋아하는 갯벌』, 『못 말리는 아빠와 까칠한 아들』, 『엄마 몰래』, 『선생님 몰래』, 『세상을 바꾼 수학자 20인의 특별한 편지』, 『열 살 소녀의 성장 일기』, 『노얄 아파트 택배 도난 사건』, 『소년 강감찬과 호랑이 대소동』 등이 있다.

3 거꾸로 읽는 한국사
사회는 쉽다!

1판 1쇄 펴냄 2012년 8월 17일　1판 10쇄 펴냄 2021년 5월 27일
2판 1쇄 펴냄 2022년 4월 20일　2판 3쇄 펴냄 2023년 11월 22일
글 이흔 **그림** 김준영
펴낸이 박상희 **편집장** 전지선 **편집** 오혜환 **디자인** 정상철, 정다울
펴낸곳 (주)비룡소 출판등록 1994. 3. 17(제16-849호)
주소 06027 서울시 강남구 도산대로1길 62 강남출판문화센터 4층
전화 02)515-2000 **팩스** 02)515-2007 **홈페이지** www.bir.co.kr
제품명 어린이용 반양장 도서 **제조자명** (주)비룡소 **제조국명** 대한민국 **사용연령** 3세 이상

© 이흔, 김준영 2012. Printed in Seoul, Korea.

ISBN 978-89-491-2503-9 74300/ 978-89-491-2500-8(세트)